LES
DEUX PARIS

OU

1848 et 1858

CHANT LYRIQUE

PAR AZÉMA DE MONTGRAVIER

Chef d'escadron d'artillerie
Chevalier de la Légion-d'Honneur, Correspondant de l'Institut

PARIS
IMPRIMERIE DE CHARLES JOUAUST
RUE SAINT-HONORÉ, 338
—
1858

LES
DEUX PARIS
ou
1848 et 1858

LES

DEUX PARIS

OU

1848 et 1858

CHANT LYRIQUE

Par Azéma de MONTGRAVIER

Chef d'escadron d'artillerie
Chevalier de la Légion-d'Honneur, Correspondant de l'Institut

PARIS

IMPRIMERIE DE CHARLES JOUAUST

RUE SAINT-HONORÉ, 338

1858

1848

Quo, scelesti, ruitis?
HORACE.

I

Bouleversant les cieux, et la terre et les mers,
Lorsque l'orage éclate et gronde au haut des airs
    Et déchaîne toute sa rage,
Heureux le nid de mousse, oublié des autans,
Où, durant le conflit de tous les éléments,
    L'oiseau s'endort sous le feuillage.

Quand des noirs aquilons le souffle impétueux
Sur nos champs dévastés élève jusqu'aux cieux
    La trombe, spirale géante,
Souvent, sous un brin d'herbe abritant son bonheur,
Du fléau l'alouette a bravé la fureur :
    Elle aime, elle couve, elle chante.

De même, ô mes enfants, ce modeste séjour
De nos aïeux, où j'ai comme eux reçu le jour,
    Où j'instruisis votre jeunesse,
Cet asile de paix et de tranquillité
Est un don du Seigneur qu'en ce siècle agité
    Contre la tempête il nous laisse,

Pour qu'à l'abri du flot des révolutions,
Mer orageuse où vont sombrer les nations,
    La prière vers lui s'élance,
Et qu'en votre innocence, élevant votre cœur,
A chaque heure du jour vous lui disiez : Seigneur,
    Sauvez le vaisseau de la France !

Mais pour le bien goûter, ce paisible bonheur
Où s'écoulent les jours de l'humble laboureur,
    Penché sur son utile ouvrage,
Quand il impose au col des bœufs les jougs pesants,
Ou qu'on le voit le soir revenir à pas lents
    Vers l'âtre qui fume au village,

Il faut, ô mes enfants, avoir vu comme moi
Les cités se remplir de tumulte et d'effroi,
    La haine sourde qui fermente,
D'un peuple soulevé les aveugles transports,
Le sol couvert de sang, de débris et de morts,
    Et la Discorde triomphante.

Noble France, mon âme a senti ta douleur ;
Tes fils, hélas ! saisis d'une funeste erreur,
    Déchirent le sein de leur mère !
Français, où courez-vous à la voix du tocsin ?
Ce sang qui va couler sous le plomb inhumain,
    N'est-ce donc pas le sang d'un frère ?

Lorsque juin dans nos champs ramenait les moissons,
Paris, de la Discorde écoutant les leçons,
    Suscitait l'horrible tourmente.
Ah ! que de beaux épis par l'orage abattus !
Dans nos aires les blés se pressent moins touffus
    Que cette récolte sanglante !

Paris, gouffre sans fond, des mères détesté,
Tu nous prends nos enfants, et ton souffle empesté
    Change aussitôt leur destinée.
Enfants, n'écoutez pas la voix des faux docteurs :
Mieux vaut à l'atelier, par de rudes labeurs,
    Gagner le pain de la journée,

Que dans la ville immense, en flots séditieux,
Jetant partout l'effroi, sur ses pavés boueux
    Promener l'inféconde grève,
Et, menaçant le phare et les digues du port,
Préluder par l'émeute à cette œuvre de mort
    Que la guerre civile achève.

Spectacle affreux ! j'ai vu la reine des cités,
En proie à la fureur des partis irrités,
    Attendre l'effet de leur rage !
Dans l'air ainsi parfois, sous le courroux des vents,
Aux quatre coins du ciel, les pâtres frémissants
    Voient s'amonceler un orage.

Etrangers, qui veniez jadis de toutes parts
Saluer dans nos murs les merveilles des arts,
    Retournez dans votre patrie :
Là règne la concorde et l'amour de la paix.
Anglais, Russes, Germains, fuyez le sol français,
    Arène d'une lutte impie.

II

Des ateliers déserts les enfants des faubourgs
Descendent dans la rue et dans les carrefours :
   Tumultueuses fourmilières,
Les voyez-vous, du sol au faîte des maisons,
Elever ces Babels des révolutions,
   Ces barricades meurtrières ?

Femmes, enfants, vieillards, tout s'agite; Paris,
C'est la ville maudite, où deux camps ennemis
   Brûlent d'une haine sauvage.
Les voyez-vous aussi, sombres, silencieux,
Ces soldats attendant que leurs chefs soucieux
   Aient fait appel à leur courage?

Car il faut que le Ciel se prononce aujourd'hui,
Qu'entre les deux partis il révèle celui
    Qu'il prend sous sa puissante égide :
D'un côté, c'est la France et la société ;
De l'autre, la Révolte et l'Orgueil indompté !
    Arrière tout conseil timide !

C'en est fait, Cavaignac a donné le signal :
Fantassins, cavaliers, marchent d'un pas égal
    Comme aux plaines de l'Algérie ;
Leur colonne ouvrira le chemin au canon ;
Sur le sol ébranlé résonnent les caissons
    De la pesante artillerie.

    Entre ces fiers combattants
    Quelle effroyable mêlée !
    L'implacable Destinée
    Entasse morts et mourants.
    Sur l'étroit champ de bataille
    Sillonné par la mitraille,
    Le fer, le plomb, les boulets,
    Que de scènes de carnage !
    Chacun veut par son courage
    Prouver qu'il est bien Français.

    Ah ! dans ces groupes funèbres,
    Par le trépas moissonnés,

Combien de guerriers célèbres
Qu'il a longtemps épargnés,
Vétérans de la victoire,
Près de ceux dont à la gloire
L'Atlas consacra les noms,
Tombés dans ces tristes lices
Tous couverts de cicatrices
Et des plus nobles chevrons !

Là vous avez rendu l'âme,
Négrier, Duvivier, Bréa !
Bréa, qu'une horde infâme
Lâchement assassina.
De l'hécatombe sanglante
Qui me remplit d'épouvante
Je m'éloigne malgré moi ;
L'œil y sonde des blessures,
L'oreille entend des murmures
Qui glacent l'âme d'effroi.

Non, rien ne peut les décrire
Ces longues scènes d'horreurs,
Où la révolte en délire
S'enivre de ses fureurs.
Un étendard sanguinaire
De vengeance et de colère
Flotte en ces sinistres lieux.

Que de mères désolées,
De victimes immolées
A ce symbole odieux !

Des régiments intrépides
Deux fois se sont élancés ;
Sous les balles homicides
Deux fois ils sont repoussés.
Dédaignant les embuscades,
Debout sur les barricades,
L'insurgé, comme un démon,
Ivre de sang et de poudre,
Ose renvoyer la foudre
Et défier le canon.

Mais au dédale des rues
Quel est ce fier bataillon ?
Salut aux jeunes recrues,
Espoir de la nation !
Dans ces luttes infernales
Ils veulent aussi des balles
Avoir leur part, ces lions !
Sortis des jeux de l'enfance,
Sous le drapeau de la France
Ils ont abrité leurs fronts.

A l'assaut ! Garde mobile

Dont s'enorgueillit Paris.
Pour défendre votre ville
Vous avez été choisis.
Egalant par la vaillance
Les vétérans de la France,
L'un d'eux, héroïque enfant,
Sur la barricade altière
Saisit la rouge bannière
Et meurt en la renversant.

Rien n'arrête leur furie,
Qui, dans un suprême effort,
Par la sape et l'incendie
Resserre le champ de mort.
Des murailles écroulées
Tant de vapeurs enflammées
Se répandent dans les airs
Que, sous l'ardente atmosphère,
Paris n'est plus qu'un cratère,
Un soupirail des enfers.

O France! ô mère chérie!
Qui calmera tes douleurs?
Sur ta souffrance infinie
Rien ne peut tarir mes pleurs.
Périssent les faux prophètes,
Trompant les âmes honnêtes

Qu'ils prétendent enseigner :
Leur doctrine téméraire
T'a clouée à ce Calvaire
Où nous te voyons saigner !

III

Tendre Pitié, descends des demeures célestes;
De la cité livrée aux discordes funestes
      Visite le peuple agité.
Sur ces cœurs endurcis exerce ton empire;
Vierge, soutiens ma voix, je chante le martyre
      D'un héros de la charité!

Sur ce terrible jour la nuit était venue;
Élevant jusqu'au ciel sa prière assidue,
      Le modèle des bons pasteurs,
Affre, au pied des autels s'écriait dans les larmes :
« Seigneur! faites tomber leurs parricides armes,
      Dieu de bonté, touchez les cœurs! »

Il frappait sa poitrine, et la nuit tout entière
S'écoulait dans le deuil et l'ardente prière ;
    Mais le Ciel, toujours courroucé,
Exigeait du prélat un plus grand sacrifice :
Un ange dans sa main plaça l'amer calice
    Que le saint n'a pas repoussé.

Le jour naissant luisait à peine sur la ville,
Que le hideux démon de la guerre civile,
    Monstre couronné de serpents,
Dans le champ de carnage où la haine sommeille,
Ranimait par ses cris les fureurs de la veille.
    A ses affreux rugissements,

Du sommet de ses tours, jusqu'à sa base antique,
On sentit tressaillir la vieille basilique ;
    Cette voix aussi s'entendit :
« Le bon pasteur pour ses brebis donne sa vie »,
Tandis que dans la nef, par les siècles noircie,
    Frémissaient les saints de granit.

De l'archevêque alors, courbé dans la poussière,
Le front s'est relevé radieux de lumière ;
    L'ardente flamme de son cœur
Répand sur son visage une sainte allégresse :
Ainsi les anciens jours de l'antique Lutèce
    Avaient vu le premier pasteur,

Denis, des cieux ouverts, dans son pieux délire,
Célébrer les splendeurs en marchant au martyre.
   Ainsi, mourant pour son troupeau,
Il répandit son sang sur la verte colline,
Aux lois de l'Évangile, à la sainte doctrine,
   Consacrant la France au berceau.

Conduit par sa valeur, tel un guerrier d'élite
A la voix du canon s'arme et se précipite
   Des premiers dans le champ d'honneur ;
Tel, par la charité guidé vers la tempête,
Méprisant les dangers qui menacent sa tête,
   S'avance l'élu du Seigneur !

Du Dieu crucifié portant le divin signe,
Déjà des régiments il franchissait la ligne,
   Et ces braves, à son aspect,
Généraux et soldats sous sa main bénissante,
Et les fiers étendards brisés dans la tourmente
   Le saluaient avec respect.

Aux lieux où s'éleva, monument séculaire,
La Bastille rasée en un jour de colère,
   Réunissant tous ses efforts,
Se maintenait encor la Révolte hautaine,
Près d'une barricade où la Guerre et la Haine
   Ont fait un marchepied de morts.

C'est là que l'esprit saint qui remplit sa poitrine
Le presse d'accomplir sa mission divine,
    Là qu'en cet instant solennel,
Le front tout rayonnant d'un courage sublime,
Le pontife sacré monte, prêtre et victime,
    Les degrés du sanglant autel.

Un long frémissement a parcouru la foule,
Et l'océan humain sillonné par la houle
    Enchaîne un instant sa fureur :
Car l'apôtre parlait, et la voix de la chaire
Jamais n'a fait pleurer l'écho du sanctuaire
    Sous le poids de tant de douleur !

De Jérémie en deuil les accents prophétiques
Jamais n'avaient trouvé d'élans plus pathétiques ;
    Dans les cœurs mourait le courroux ;
Des enfers terrassés la ligue était vaincue ;
Des sanglots s'élevaient de cette foule émue,
    Où plusieurs pliaient les genoux.

Mais le démon, qui voit s'écrouler son ouvrage,
Nous réserve en fuyant un dernier trait de rage :
    Un coup part..... ne recherchons pas
A quels rangs appartient cette main criminelle :
C'est celle d'un Français, honte, honte éternelle
    Qui livre le saint au trépas !

Ah ! s'il en est encor que la haine domine,
Combien en cet instant frappèrent leur poitrine;
  Combien, dans leurs rêves affreux,
Ont dû revoir le sang couler de la blessure,
Et jusque dans la mort cette douce figure
  Du prélat qui priait pour eux !

« Dieu de paix, disait-il, reçois ce sacrifice,
Au peuple que j'aimais qu'il devienne propice,
  Qu'il le réconcilie aux cieux ! »
Et sa voix s'éteignit dans le concert des anges
Qui célébraient l'entrée aux célestes phalanges
  De ce confesseur glorieux.

Ses vœux sont exaucés : un rayon d'espérance
A brillé sur Paris pour consoler la France;
  Mais gardons bien le souvenir
De l'orage qui mit en danger la patrie;
N'oublions pas que pour éteindre l'incendie
  Il fallut le sang d'un martyr.

1858

Novus sæclorum nascitur ordo.
VIRGILE.

I

Mes enfants, chers objet de mes soins assidus,
Le temps, qui toujours marche, a mis dix ans de plus
   Sur ma couronne de vieillesse ;
Ce qu'il m'ôte de force, il l'ajoute à vos fronts,
Et je vois chaque jour s'embellir de ses dons
   Votre gracieuse jeunesse.

Tandis que de l'hiver la neige et les glaçons
Recouvrent dans nos champs l'espoir de nos moissons,
   Partons pour la ville éternelle.
Avant que pour toujours mes yeux se soient fermés,
Je veux vous y conduire ; allons, enfants, venez :
   La vapeur nous prête son aile.

Venez, car le Seigneur, qui bénit nos foyers,
A daigné dans la grange, ainsi qu'en nos celliers,
      De ses biens verser l'abondance ;
Nous reviendrons ensuite en nos champs bien aimés
Voir si le vert gazon de nos jeunes semés
      Sourit de même à l'espérance.

La famille à sa voix s'empresse d'obéir ;
Ses vœux depuis longtemps et son secret désir
      Appelaient en vain ce voyage ;
Leur père a dans leurs yeux lu leurs ravissements :
Tous, hâtant du vieillard les apprêts un peu lents,
      Ont bientôt quitté le village.

II

Ah! que Paris est beau quand de ses monuments,
Sous un rayon du ciel tout à coup éclatants,
    S'élancent les flèches aiguës,
Que l'immense cité prolonge à l'horizon
Ses magiques palais, et que son Panthéon
    Lance son dôme dans les nues!

Qu'il est beau dans sa force et dans sa majesté,
Tête et cœur de la France, à la postérité
    Dédiant d'illustres merveilles,
Ruche de travailleurs, ainsi qu'en un jardin
On entend bourdonner, avec leur doux butin,
    Les industrieuses abeilles.

Que je l'aime surtout lorsqu'au jour du Seigneur,
Le repos faisant place à l'honnête labeur,
    Autour de la chaire bénie
Il voit un peuple entier empressé d'accourir,
Et tous ses temples saints étroits pour contenir
    La foule immense et recueillie.

L'étranger dans ses murs, croyant au lendemain,
Veut à ce peuple aimable encor donner la main ;
    Et dans cette Athènes nouvelle
Quels ravissants tableaux offerts à ses regards !
Peuples amis, venez de la paix et des arts
    Saluer l'étoile immortelle.

Quelle splendide fée aux prodiges charmants,
Te dotant, ô Paris ! de si nobles présents,
    En trois ans fit sortir de terre
Ce Louvre terminé, désespoir de vingt rois,
Dont les noms glorieux se pressent à la fois
    Depuis trois cents ans sur la pierre ?

Sous quel souffle puissant comme au vent des déserts
Se sont-ils écoulés ces repaires ouverts
    Au vice plus qu'à la misère,
Étouffant les palais dans leurs obscurs replis ?
Quel bienfaisant génie a su rendre à Paris
    L'air qui lui manquait, la lumière ?

Voyez ces monuments, au peuple consacrés ;
Quelle main éleva ces asiles sacrés
      De la vieillesse et de l'enfance?
Vers Stamboul étendue, et vers le pont Euxin,
C'est celle qui naguère a montré le chemin
      Aux vaillants guerriers de la France.

Paris! il t'en souvient, pour tes yeux enchantés
Quel spectacle touchant, quand ces lieux si vantés,
      Ces triomphales avenues,
En bataillons serrés les jetaient dans tes bras,
Les vainqueurs de Sébastopol et des frimas,
      Avec leurs aigles revenues.

Mêlant ton allégresse à la voix du canon,
Tous tes échos vibraient, répétant le grand nom.
      Ah! les mères étaient heureuses,
Et les vieillards croyaient, en ce jour de splendeur,
Revoir au Carrousel de leur grand empereur
      Les phalanges victorieuses!

Protégeant tes plaisirs, non moins que tes travaux,
C'est Napoléon trois qui les a faits si beaux.
      A Vincennes, ces verts bocages,
Où l'onde qui murmure, et le parfum des fleurs,
A l'ouvrier, après ses pénibles labeurs,
      Offrent, l'été, de frais ombrages.

C'est lui qui veut un jour les voir mieux abrités,
Ces enfants du travail, longtemps déshérités !
  Car, lorsqu'ils souffrent, son cœur saigne.
Père, de la famille il connaît la douceur ;
Il est l'élu du peuple, et veut que le bonheur
  Signale l'ère de son règne.

Ne le vîtes-vous pas vous-mêmes, mes enfants,
Braver sur un esquif la fureur des torrents,
  Pour sauver ses sujets qu'il aime.
Au milieu des dangers, n'écoutant que son cœur,
L'a-t-on jamais trouvé gêné par sa grandeur
  Et par l'orgueil du diadème ?

Il parut à Lyon ! Soudain à son aspect
On eût dit que les flots fuyaient avec respect,
  Devant ces paroles si fières.
La France avec le monde entier les entendit :
« Aux révolutions il faut creuser un lit,
  Comme on enchaîne les rivières ! »

Aussi, n'en doutez pas, la cité qui deux fois
Éleva dans son sein l'impérial pavois,
  Et qui des rois brisa le trône,
Vous la verriez debout contre les factions,
Si leurs vaines fureurs de ses Napoléons
  Osaient attaquer la couronne.

Oh! qu'ils sont loin ces jours, mes enfants, où je vis
Dans les convulsions, ce terrible Paris
    Bondissant comme une panthère !
Qu'il est calme, et combien il diffère aujourd'hui
Du Paris de ces temps abhorrés, où sur lui
    Du Ciel s'épanchait la colère.

Par quel art l'Empereur a-t-il pu le charmer ?
Vous le voyez, enfants, il sait se faire aimer.
    Puisse-t-elle être toujours vaine
Cette précaution qu'en sa sagesse il prend,
Quand pour notre repos sous nos pas il étend
    Toute une cité souterraine !

Babylone, Memphis, que sont vos monuments
Auprès de ces tunnels où tous nos régiments
    Passent enseignes déployées ?
Ici même, où mes yeux lisent Sébastopol,
L'Empereur, du talon, peut, en frappant le sol,
    En faire sortir des armées.

III

Ainsi l'homme des champs des beautés de Paris
Déroulait la féerie à ses fils attendris,
    Et la joie en leurs regards brille.
Leur âme est suspendue à ces grands souvenirs,
Et rien ne trouble encor les innocents plaisirs
    De cette rustique famille,

Que le père conduit du Louvre impérial,
A la colonne aimée, à cet arc triomphal,
    Orgueil des rives de la Seine.
Puis au lieu du repos qu'appelait de ses vœux,
Au moment d'expirer sur le roc odieux,
    Le grand martyr de Sainte-Hélène.

« Là, disait le vieillard, en tombant à genoux,
Du géant des combats s'arrêta parmi nous
  La dépouille illustre et chérie.
Ah! si vous aviez vu quel délire pieux
Accueillit dans le port ces restes glorieux,
  Rendus enfin à la patrie !

« A l'immortalité qui le suit dans la mort
Pour porter leur tribut les peuples sont d'accord ;
  Là, des Anglais la souveraine,
Noble alliée, au nom du peuple d'Albion,
Sur le marbre sacré vint incliner son front,
  Abjurant tout penser de haine.

« Là, parfois, on prétend que pour son successeur,
Joyeuse elle apparaît l'ombre de l'empereur,
  Et se montre à lui face à face,
Et que, lui souriant, la bouche du héros
Au neveu qu'il aimait fait entendre ces mots :
  « Mon esprit reste avec ma race. »

Mais ailleurs le vieillard chancelle ; un noir souci
A passé sur son front : « Mes enfants, c'est ici,
  Ce théâtre ! ô douleur amère !
Ici que des Français ont vu trancher leurs jours :
Le temps n'a pas encor ramené dans son cours
  Ce douloureux anniversaire ;

Et ce peuple si bon, ce peuple encor frémit
A l'affreux souvenir de la terrible nuit ;
    Il maudit ces horribles trames
Ouvrage des démons, et ces partis sanglants
Qui pour tuer un homme en immolent deux cents,
    Et qui n'ont point pitié des femmes.

    Voyez ces lugubres éclairs
    Allumés par la main du crime,
    Paris croit sentir des enfers
    S'entr'ouvrir l'insondable abîme.
    Ecoutez ce sinistre bruit
    Suivi d'une profonde nuit ;
    Entendez ces cris lamentables :
    Partout des mourants et des morts.
    Méchants, redoublez les efforts
    De vos machines effroyables ;
    A travers le cœur du Français
    Cherchez le souverain qu'il aime :
    En vous permettant ces forfaits,
    Dieu prononçait votre anathème !

    Pervers ! qui, loin de tous dangers,
    Par votre doctrine abhorrée,
    Avez armé ces étrangers,
    Leur honte à vous s'est attachée !
    Vous le dévouez au trépas

Notre Empereur. Oh ! sacrilége !
Insensés ! ne savez-vous pas
Que le *Ciel toujours le protége* [1] ;
Que, chez ce peuple généreux,
Jamais l'assassinat immonde,
Honni de la terre et des cieux,
N'eut une semence féconde ;
Que ces noirs complots mis au jour,
Que l'horreur du monde accompagne,
Devaient redoubler notre amour
Pour lui, pour sa douce compagne !

Méprise, ô cygne gracieux,
Les vautours aux serres cruelles,
Près de l'aigle majestueux
Qui t'offrit l'abri de ses ailes ;
Calme au bras de l'auguste époux,
Noble dame au mâle courage,
Tu n'eus des larmes que pour nous,
Et, fier au milieu de l'orage,
Ton beau front ne sut point pâlir.
Pour toi, lorsque tous tremblaient,... seule
Tu ne tremblais point, noble aïeule
Des Napoléons à venir !

---

[1] Béranger (*Les Souvenirs du peuple*).

Toi, Paris! tu fus grand dans ces moments cruels :
On te vit accourir au pied des saints autels,
      Couronnant de fleurs les victimes,
Et, quand l'hymne des morts de l'immense cercueil
Portait jusques au ciel tes sanglots et ton deuil,
      Lorsqu'à tes regrets magnanimes

La France répondait par un long cri d'horreur,
Tu fus digne de toi, digne de l'Empereur;
      Quand les vaillants chefs de l'armée,
Eperdus à l'aspect du forfait inhumain,
Dans leur noble courroux déjà portaient la main
      A la garde de leur épée,

Au juge souverain des peuples et des rois
Offrant, dans ta douleur, cette nouvelle croix,
      Tu respectas la paix profonde
Qui doit fermer l'accès aux révolutions,
Et donne un même cœur à ces deux nations,
      Qui sont les lumières du monde.

Adieu donc, ô Paris qu'autrefois je maudis,
Et qu'en mes vœux ardents aujourd'hui je bénis;
      Je te quitte l'âme contente.
La bûche de Noel nous attend au foyer :
Retournons à nos champs, enfants, pour travailler
      A nourrir la cité géante.

Je ne la verrai plus, mais de mon cœur français
Qu'elle accepte l'hommage et les derniers souhaits ;
    Qu'elle reste de la patrie,
Dans les siècles futurs, la gloire et le flambeau :
C'est son lot dans l'histoire, en est-il de plus beau ?
    Et toi, France, mère chérie,

Le pilote inspiré qui tient ton gouvernail
A la religion, au génie, au travail,
    A confié tes destinées.
Suis ce guide, ô vaisseau qui ne saurais périr ;
Cherche avec lui ta route, et de ton avenir
    Atteins les rives fortunées !

www.ingramcontent.com/pod-product-compliance
Lightning Source LLC
Chambersburg PA
CBHW060603050426
42451CB00011B/2051